Das alles kannst Du selber machen:

Rund um den Bauernhof

3

W0057356

Inhaltsverzeichnis

MATERIAL

- dünnes Papier in vielen Farben
- weißes Schreib- oder Malpapier
- stabiles, farbiges Tonpapier für alle Sachen, die stehen sollen
- Zeitungspapier
- Nadel und Faden, wenn du etwas aufhängen willst
- Bunt- oder Filzstifte zum Verzieren
- Schere
- Klebstoff
- Bleistift
- Lineal

Und so wird richtig gefaltet:

Am besten bastelst du auf einem großen Tisch, damit du genügend Platz hast. Falte möglichst

Schnittlinien und Papierkanten

Das Papier in der Mitte falten; es ist jetzt nur noch halb so groß.

Das Papier wird von zwei Seiten jeweils zur Mitte gefaltet.

Ein quadratisches Papier wird Ecke auf Ecke gelegt.

Zwei Ecken eines quadratischen Papiers werden jeweils zur gegen-überliegenden Ecke gefaltet.

genau und streiche jede Falte mit dem Finger-nagel nach, dann hält sie besser!
Hier siehst du, was die verschiedenen Zeichen im Heft bedeuten und wie man richtig danach faltet:

Bergfalte: Der Falz steht oben.

Talfalte: Der Falz steht unten.

Umbrechen: Wenn eine Bergfalte in eine Talfalte verwandelt wird.

Vorderseite der Bastelei umdrehen und mit der Rückseite weiter-arbeiten.

Hexentreppe

Schneide dir zwei 3 cm breite und 50 cm lange
Streifen Tonpapier zurecht. Wie die Hexentreppe
gebastelt wird, siehst du auf der Zeichnung
nebenan. Aus einer Hexentreppe kannst du
vieles machen: bunte Zickzack-Schlangen,
Girlanden, einen Tintenfisch …
Und wenn du sie aus Goldpapier faltest und
aufhängst, hast du schönen Weihnachtsschmuck.

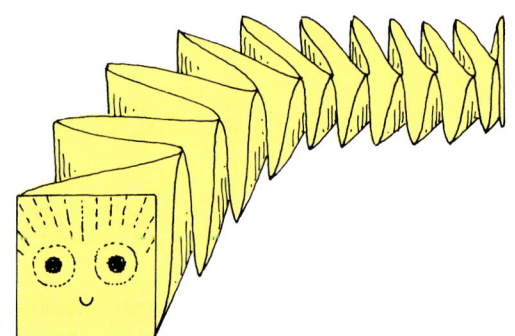

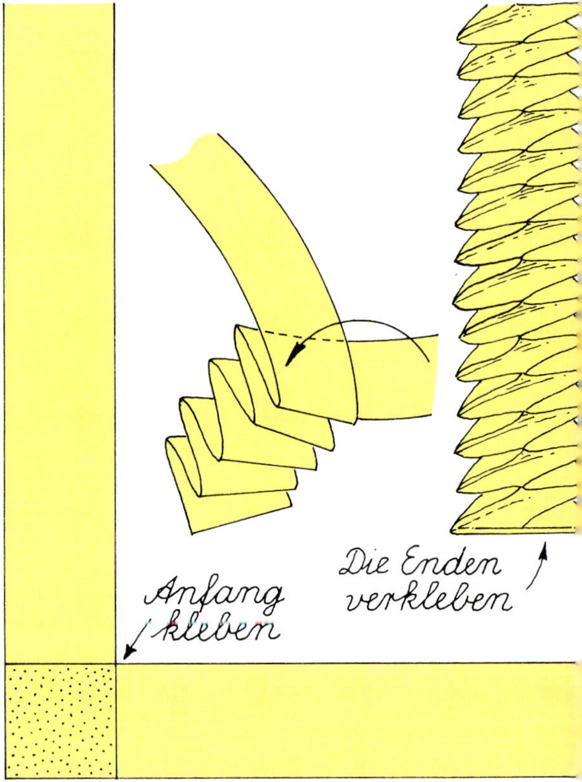

Anfang kleben

Die Enden verkleben

*Morgens früh um sechs
kommt die kleine Hex',
Fröschebein und Krebs und Fisch,
hurtig, Kinder, kommt zu Tisch!*

Ziehharmonika

Für die Ziehharmonika brauchst du zwei 5 cm breite und 1 m lange Tonpapierstreifen. Die Haltegriffe entstehen aus zwei 2 x 8 cm großen Streifen.
Falte die Ziehharmonika genauso wie die Hexentreppe und klebe zum Schluß die Schlaufen an.

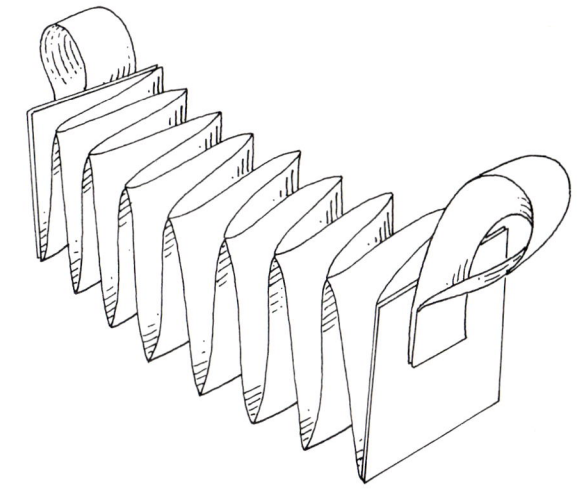

Tintenfisch

Zeichne einen Kreis von 15 cm Durchmesser auf
Tonpapier, schneide ihn aus, falte ihn einmal in
der Mitte und schneide ihn an der Mittellinie
durch. Die drei „Hexentreppen-Beine" faltest du
wie gewohnt. Laß dabei ein Ende offen, damit
du sie beim Zusammenkleben zwischen die
Körperhälften kleben kannst.

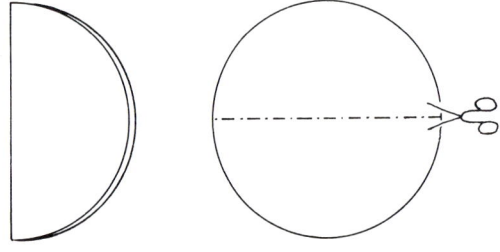

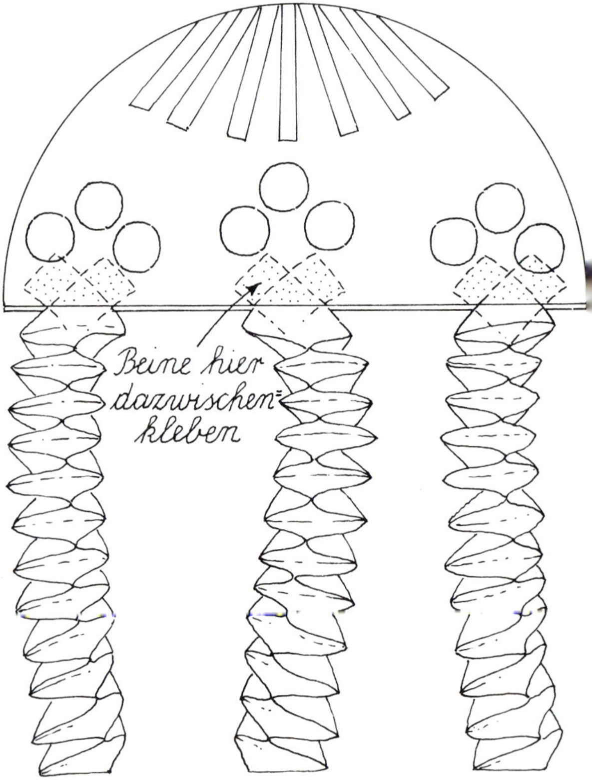

Zum Schluß verzierst du den Körper noch bunt.
Wenn du oben ein Loch durchstichst und einen
Faden befestigst, kannst du deinen Tintenfisch
aufhängen.

*Beine hier
dazwischen=
kleben*

Fächer

Nimm ein 20 cm breites und 50 cm langes
Stück Tonpapier. Falte an der schmalen Seite
einen
1 cm breiten Streifen. Drehe das Papier um und
mach dasselbe auf der anderen Seite: umdrehen,
falten, umdrehen, falten, bis zum Ende des
Blattes. Dann verzierst du den Fächer schön.
Zum Schluß klebe einen Papierstreifen als „Griff"
fest um das eine Ende.

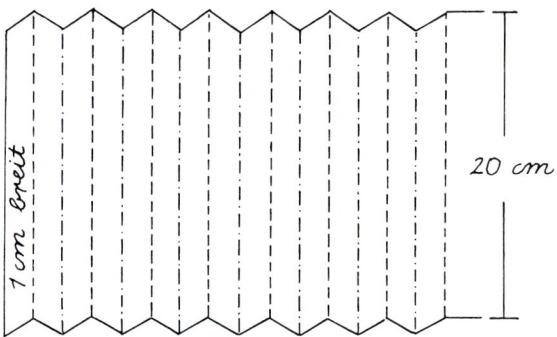

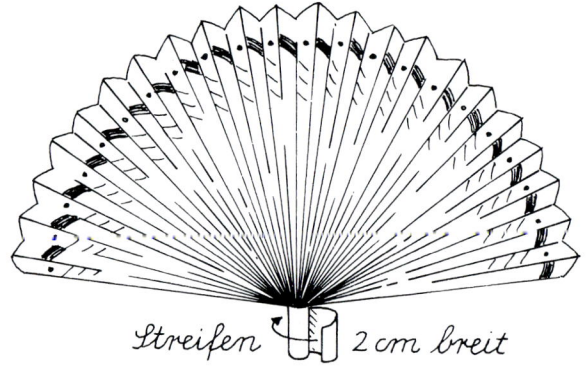

Streifen 2 cm breit

Libelle

Den Libellenflügel faltest du genauso wie den
Fächer. Nebenan siehst du die Form für den
Libellenkörper. Schneide ihn aus stabilem Ton-
papier zurecht und verziere ihn mit bunten
Mustern. Dann schneide in den vorderen Teil
einen Schlitz. Er muß so breit wie dein zusam-
mengefalteter Fächer sein!
Stecke die Flügel durch den Schlitz und ziehe die
Falten etwas auseinander.

Wenn du in den Körper ein Loch stichst und einen Faden durchfädelst, kann deine Libelle „fliegen"…

Eine kleine Libelle, die flog ganz schnelle über den See, juchhe!

Zickzackformen

Bauernhaus

Nimm dafür stabiles Tonpapier.
Schneide das Papier auf 40 x 60 cm zurecht,
falte es von der schmalen und der breiten Seite

jeweils zur Mitte, dann wieder auseinander und
von allen vier Seiten zu den Mittelfalten hin. Auf
der Zeichnung unten siehst du, welche Linien
eingeschnitten werden.

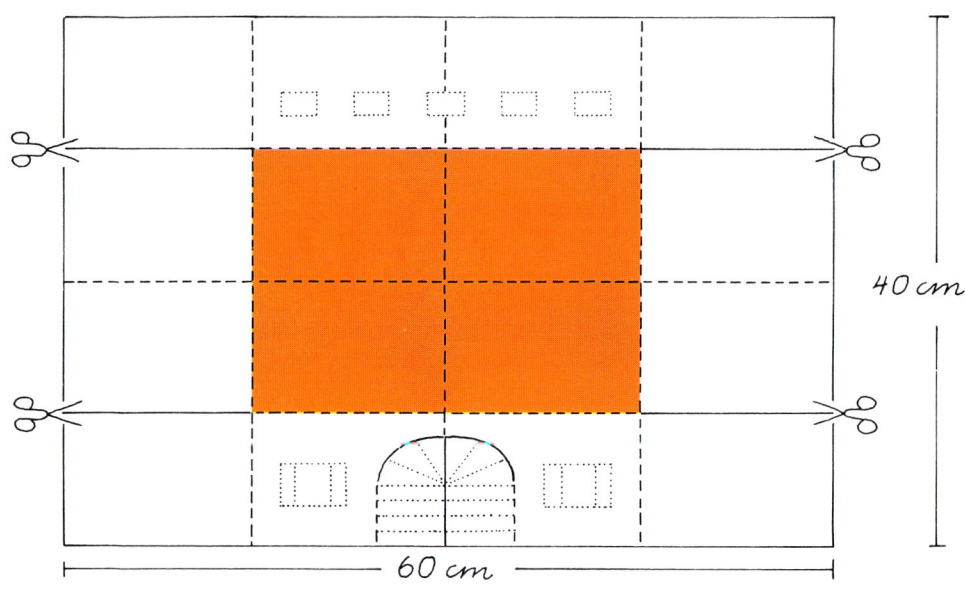

Male nun zuerst Türen und Fenster auf die Längsseiten des Hauses. Das Dach kannst du bemalen oder mit „Papierziegeln" bekleben. Auf Zeichnung 1–4 siehst du, wie das Haus zusammengefaltet und -geklebt wird.

2. Dachüberstände schräg nach unten legen, Innenseite abknicken

3. Überstehende Ecken nach innen falten

4. Dachüberstände an den Seitenwänden festkleben

1. Seitenwände übereinander= kleben

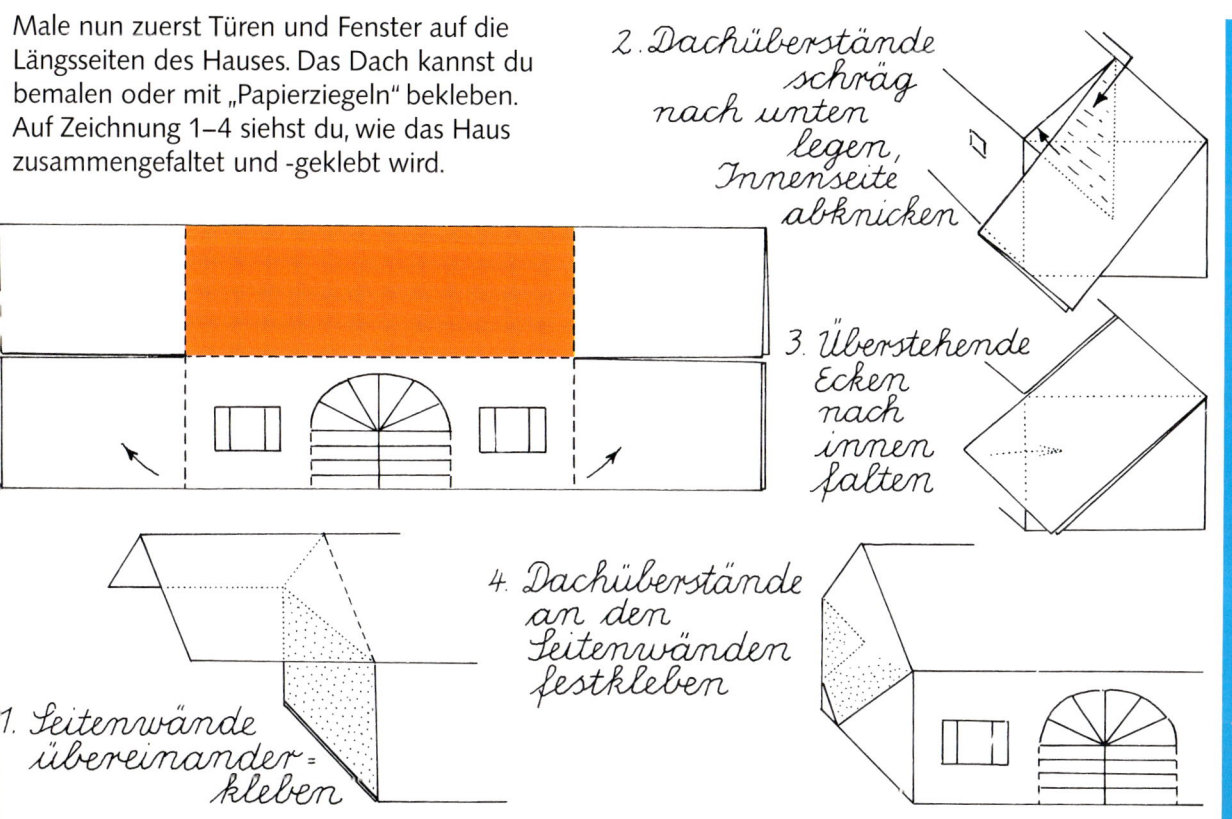

Damit du das große Tor auf- und zumachen kannst, mußt du es an den gekennzeichneten Linien falten und einschneiden.

Zäune

Für einen Zaun brauchst du einen 6 cm breiten und 40 cm langen Streifen Tonpapier. Falte ihn so, wie du es auf Zeichnung 1–3 siehst. Dann schneide ein Muster in das Papier und falte dieses vorsichtig auseinander (Zeichnung 4 + 5). Für ein Gehege brauchst du vier solcher Zäune.

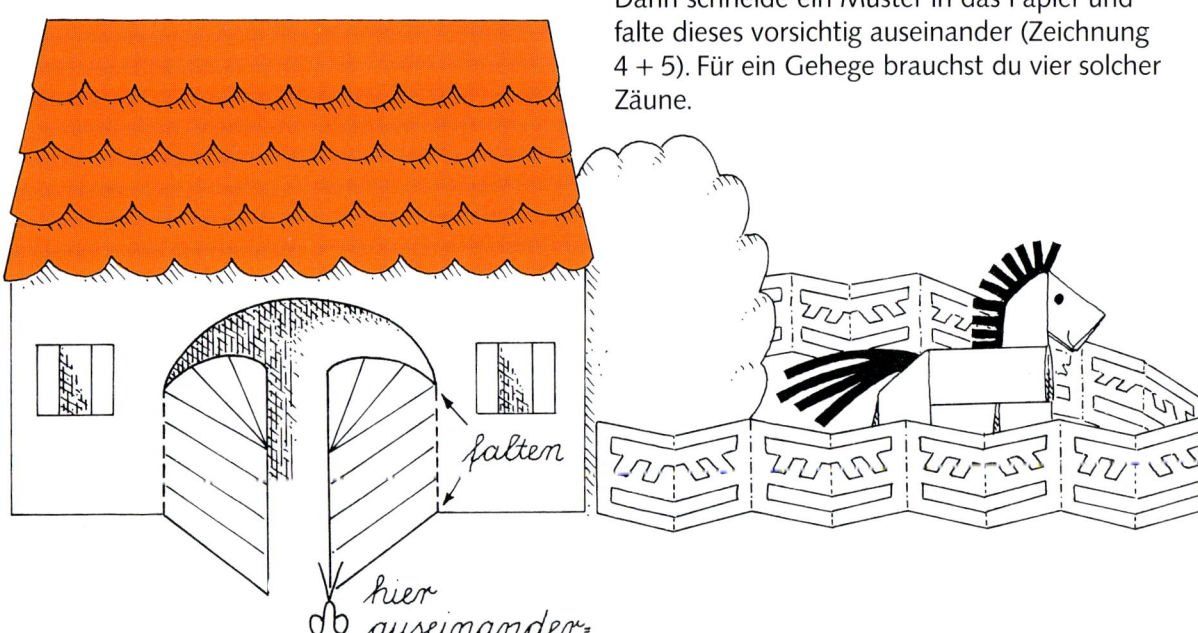

falten

hier auseinander-schneiden

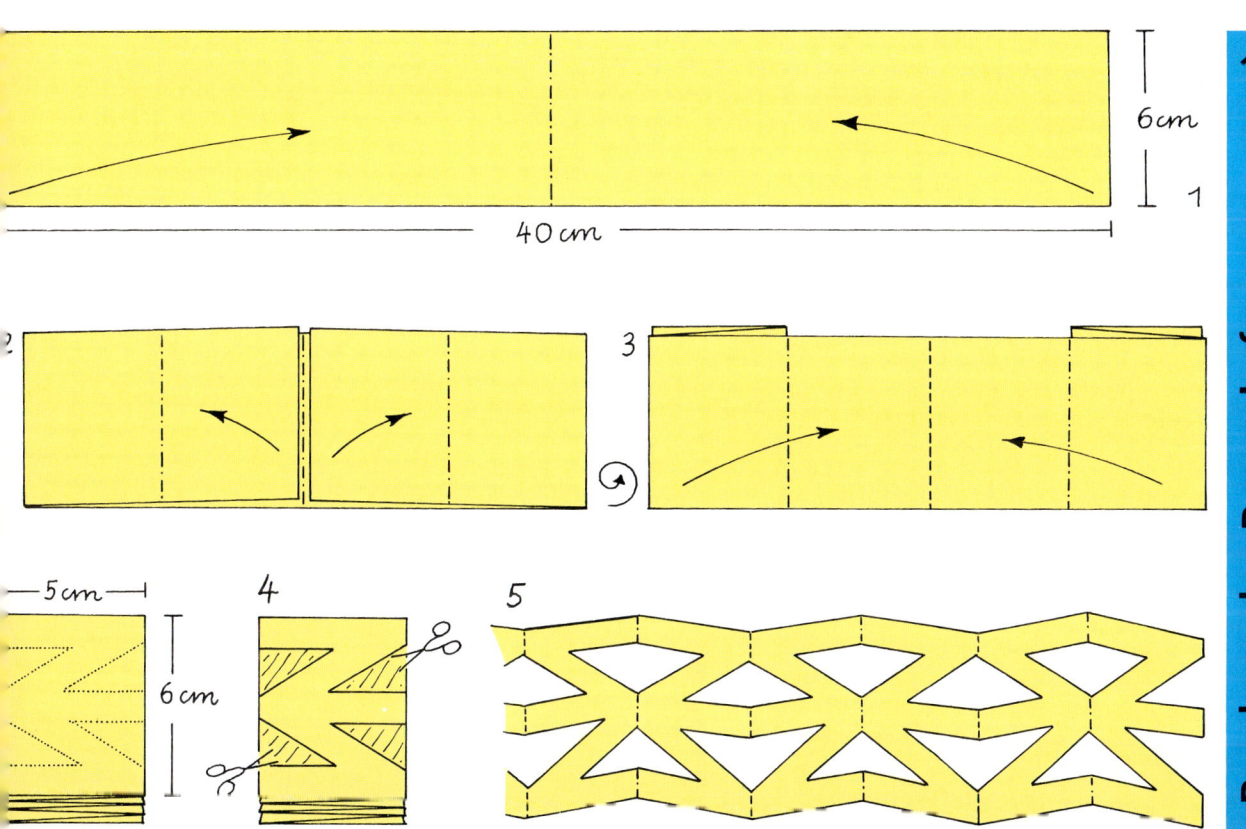

6cm

1

40 cm

2

3

─5cm─

6cm

4

5

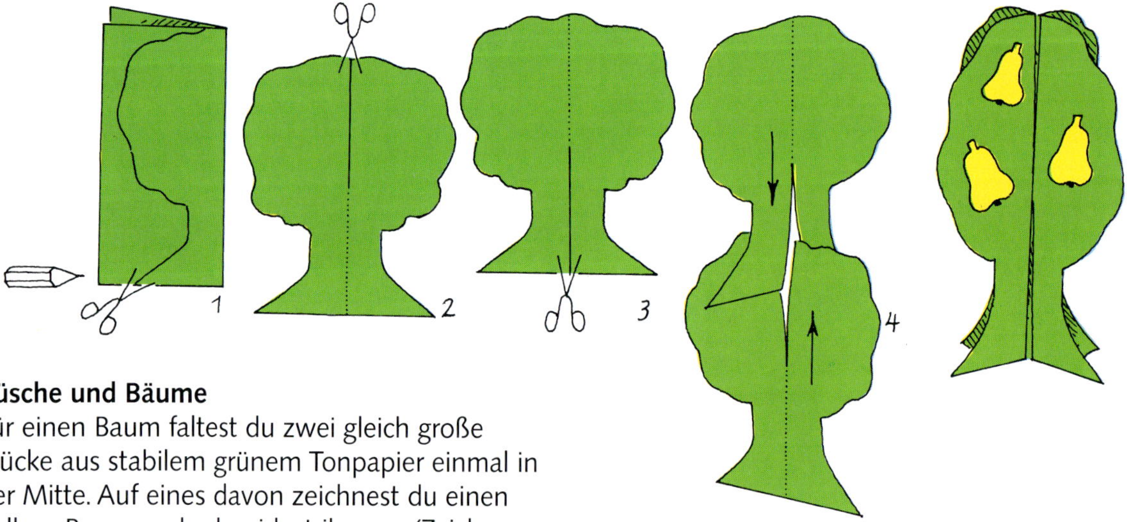

1

2

3

4

Büsche und Bäume

Für einen Baum faltest du zwei gleich große Stücke aus stabilem grünem Tonpapier einmal in der Mitte. Auf eines davon zeichnest du einen halben Baum und schneidest ihn aus (Zeichnung 1). Diese Form überträgst du auf das andere Stück Tonpapier und schneidest sie aus. Schneide die Baumteile ein (Zeichnung 2 + 3) und stecke sie ineinander (Zeichnung 4). Wenn du magst, kannst du noch Äpfel oder Birnen aufkleben.

Die Büsche bastelst du so, wie du es auf Zeichnung 5 siehst.

hier umknicken

5

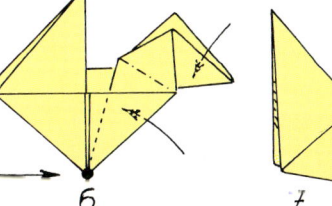

Federvieh

Für die Hühner und Enten nimmst du 12 x 12 cm
großes dünnes, farbiges Papier. Falte es von zwei
Seiten jeweils zur Mitte und öffne es wieder (1).
Jetzt faltest du alle Ecken zum Mittelpunkt (2).
Du drehst das Papier um und legst wieder alle
Ecken zum Mittelpunkt (3). Schwanzteil und
Kopfteil klappst du heraus. Dann faltest du das
Ganze nochmals längs zur Mitte und bringst die
Kopffalten an (4).

Wenn du das Huhn am Mittelpunkt festhältst,
kannst du den Schwanz einschieben. Die Seiten-
flächen drückst du über dem Mittelpunkt gegeneinander, schiebst Hals und Kopf ein (5 + 6) und
stellst das Huhn auf (7).

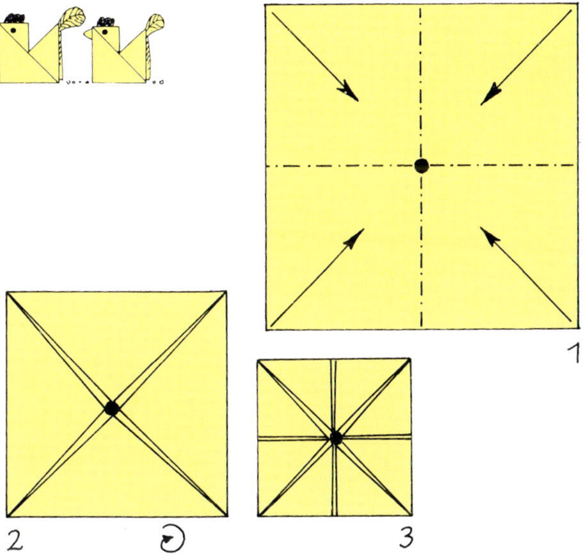

1

2   3

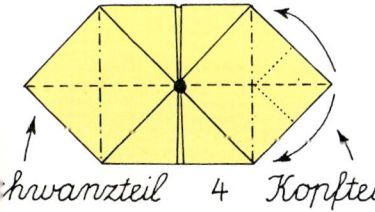

hwanzteil   4   Kopfteil

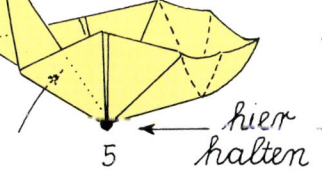

5   hier halten   6

7

Das Huhn und den Hahn verzierst du mit
Schnabel, Augen, Kamm und Schwanz.
Die Ente bekommt Augen, einen Schnabel und
Federn.

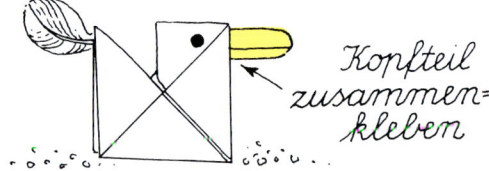

Kopfteil
zusammen=
kleben

Damit dein Federvieh besser steht, klebst du den
Kopf unterhalb des Schnabels noch mit einem
Tropfen Klebstoff zusammen.

Schweinchen

Ein Schweinchen wird aus einem 15 x 15 cm
großen rosa Faltpapier gebastelt. Falte das Papier
zur Hälfte (1), knicke die beiden Oberkanten zur
Mittellinie hin, so daß ein M entsteht (2). Das
Folgende machst du immer auf der Vorder- und
Rückseite des Schweinchens:

Die Ecken der oberen Kante faltest du nach
unten (3). Öffne diese kleinen Dreiecke von
unten und lege sie ausgebreitet zur Seite (4).
Die Beine entstehen durch das Herüberziehen
des losen Dreieckteils bis zur Mittellinie des
Dreiecks (5).
Die Schnauze wird abgeknickt. Am Schwanzende
wird eine Ecke herausgeschnitten; das Schwänz-
chen wird geringelt, und nun fehlen nur noch
Augen und Maul.

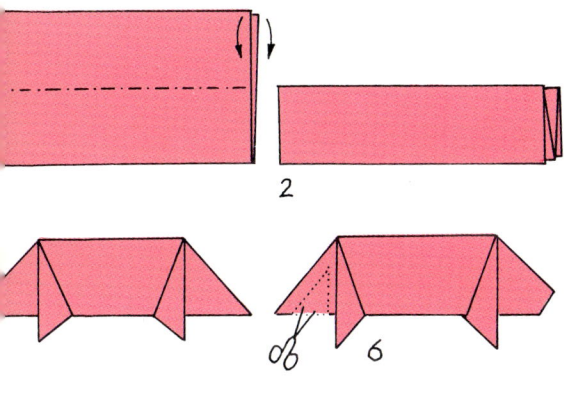

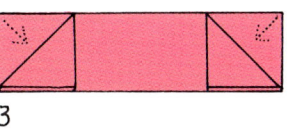

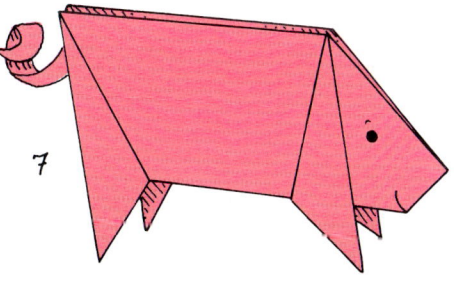

Pferd und Kuh

Pferd und Kuh werden genau gleich gefaltet.
Du brauchst jeweils zwei Blatt Tonpapier
(15 x 15 cm). Wenn du jedes Blatt so faltest, wie
du es auf Zeichnung 1 + 2 siehst, bekommst du
zwei Streifen von etwa 4 cm Breite. Nachdem du
Kopf und Beine abgeknickt hast, klebst du die
Streifen übereinander (Zeichnung 3 + 4). Das
Pferd braucht noch eine Mähne und einen
Schwanz, die Kuh noch ein Euter und Hörner.

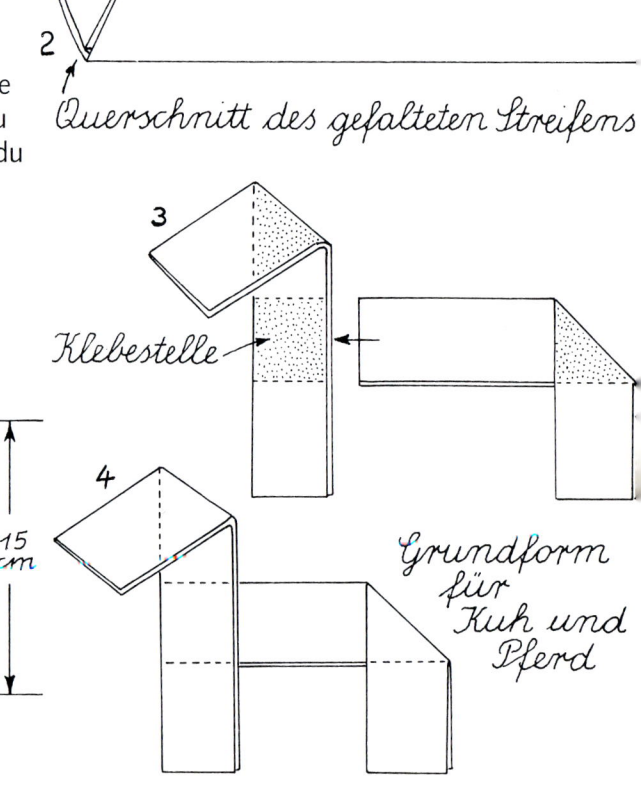

2

Querschnitt des gefalteten Streifens

3

Klebestelle

1

15 cm

4

Grundform für Kuh und Pferd

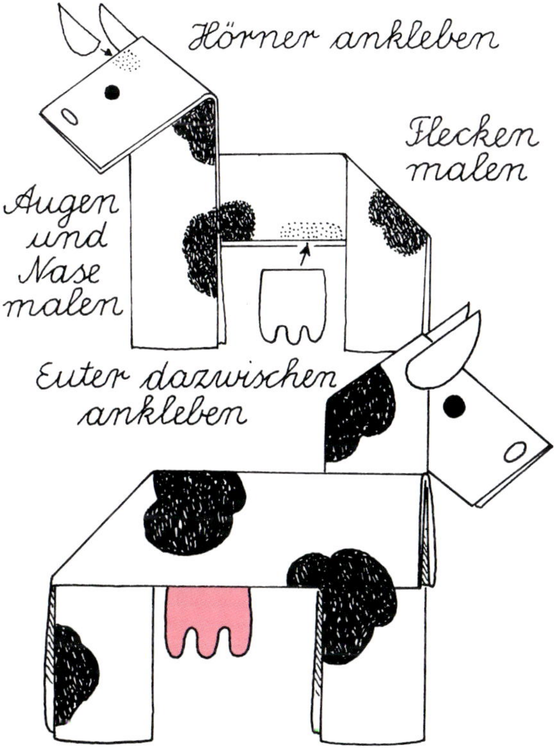

Hörner ankleben

Flecken malen

Augen und Nase malen

Euter dazwischen ankleben

Mähne ankleben

Schwanz ankleben

Augen und Mund malen

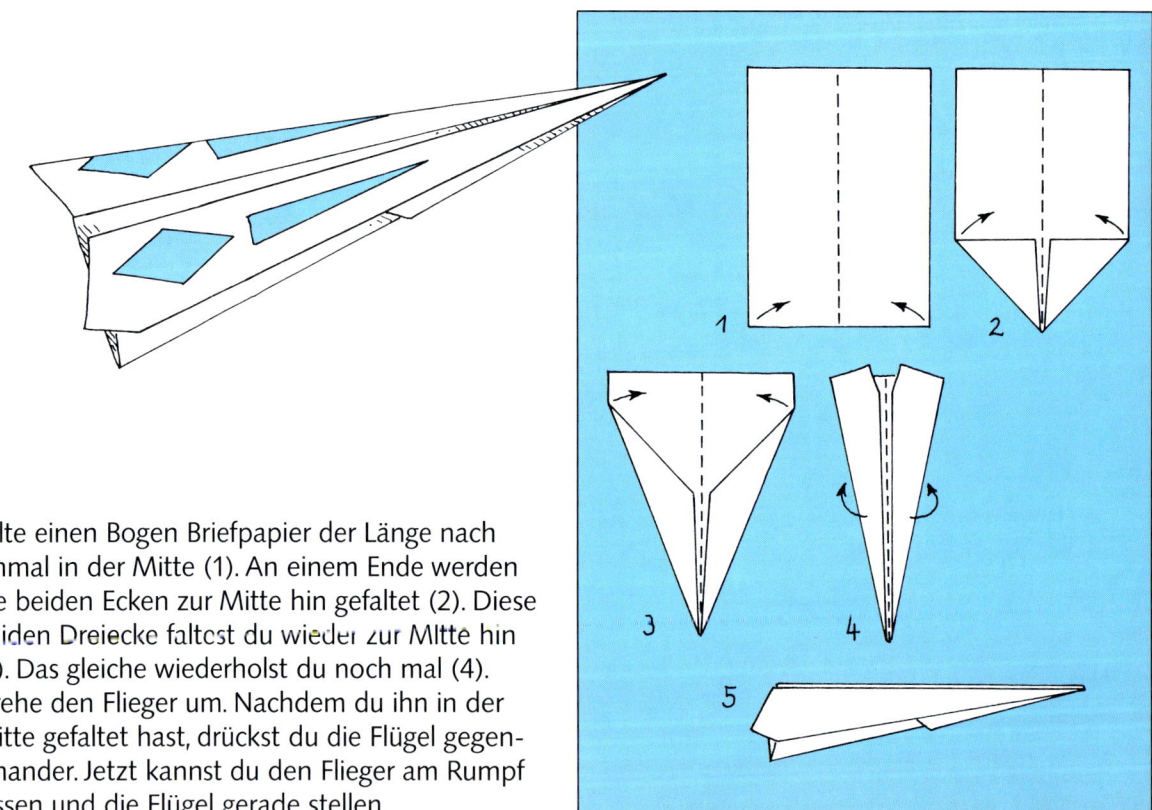

Falte einen Bogen Briefpapier der Länge nach einmal in der Mitte (1). An einem Ende werden die beiden Ecken zur Mitte hin gefaltet (2). Diese beiden Dreiecke faltest du wieder zur Mitte hin (3). Das gleiche wiederholst du noch mal (4). Drehe den Flieger um. Nachdem du ihn in der Mitte gefaltet hast, drückst du die Flügel gegeneinander. Jetzt kannst du den Flieger am Rumpf fassen und die Flügel gerade stellen.

Das Schiffchen kannst du aus dünnem Tonpapier, Zeitungspapier oder Briefpapier basteln. Falte das Papier der Länge nach zur Mitte (1). Lege die oberen Ecken zur Mittellinie (2). Die übriggebliebene Kante wird hochgeschlagen, die überstehenden Ecken auf die andere Seite geknickt. Drehe das Dreieck um und falte auch die andere Kante um (3 + 4). Von unten öffnest du den „Hut", drehst ihn und legst ihn wieder hin, so daß ein Quadrat entsteht (5). Jetzt faltest du die untere Spitze an die obere; umdrehen und das gleiche auf der anderen Seite wiederholen (6 + 7). Wieder öffnest du das entstandene Dreieck von unten, drehst es und legst es so hin, daß ein Quadrat entsteht (8).

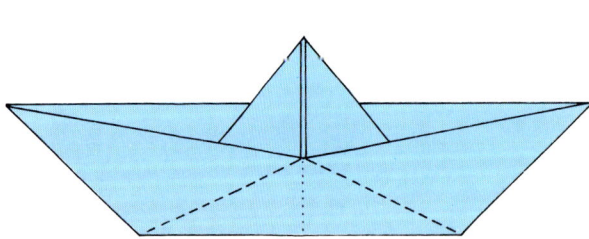

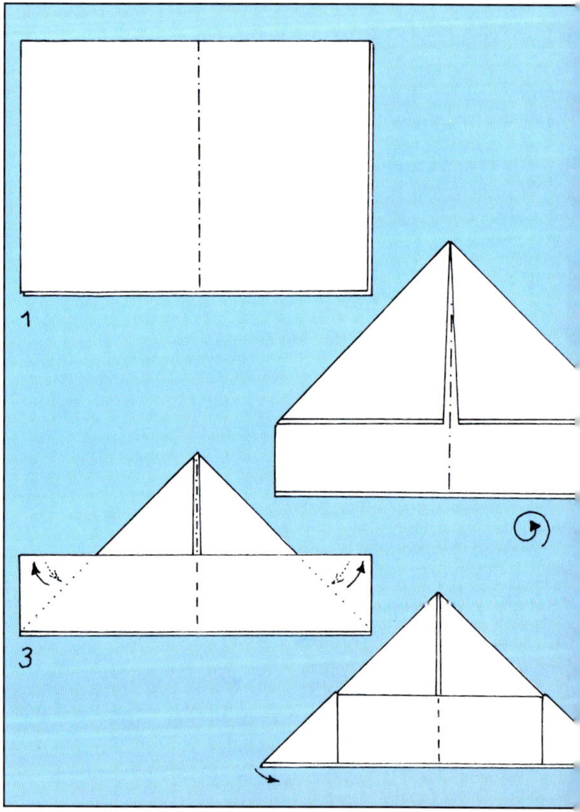

1

3

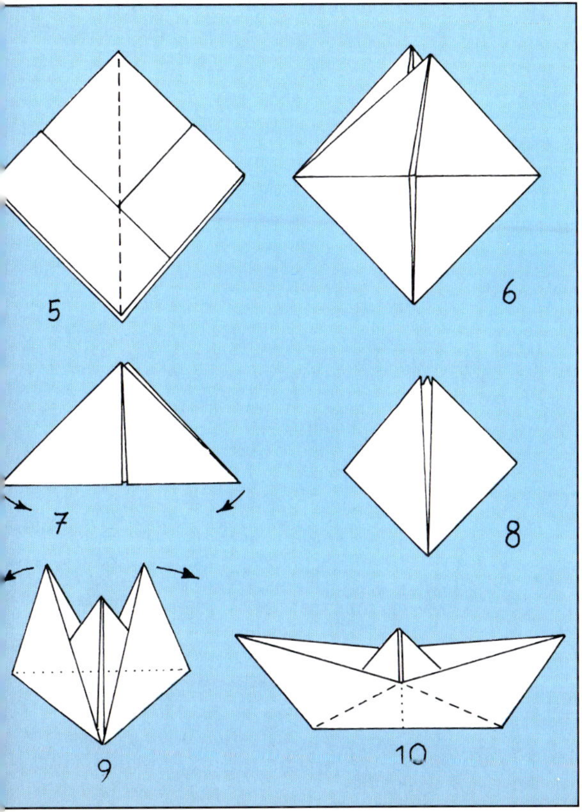

Nun ziehst du die oberen Spitzen auseinander:
dein Schiff ist fertig! Damit es gut steht und
schwimmt, mußt du es unten noch etwas ausein-
anderziehen.

5

6

7

8

9

10

Du brauchst ein Papier, das 15 x 15 cm groß ist, und etwas Watte für den Rauch. Falte es wie das Huhn von Seite 19 (1 + 2). Das Quadrat wird nochmals umgedreht, und wieder werden die Ecken zur Mitte gefaltet (3). Abermals umdrehen. Jetzt kannst du die zwei gegenüber- liegenden Vierecke nach außen ziehen und öffnen: die Schornsteine sind fertig (4 + 5). Ziehe die inneren Ecken der beiden anderen Vierecke schräg nach außen, und schon steht dein Dampfer!

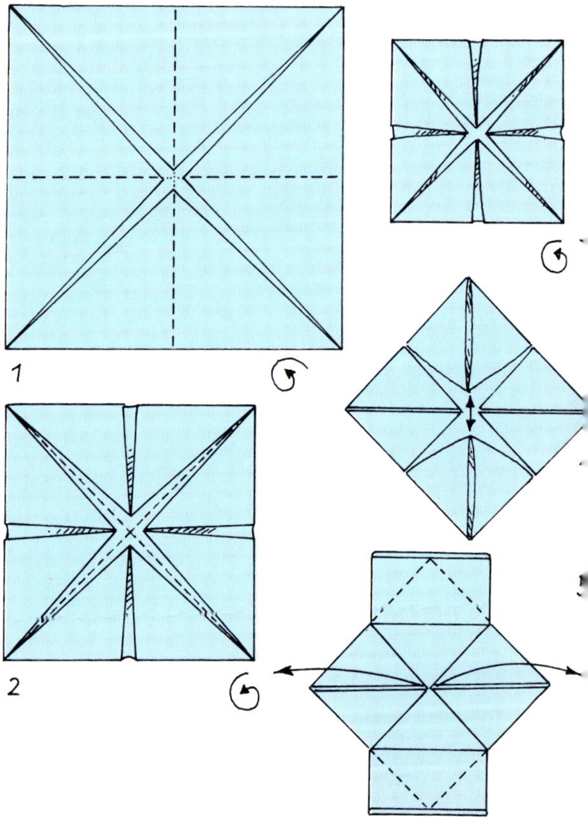

1

2

Ein weißes Papier (20 x 20 cm) wird wie beim Dampfer (1 + 2) gefaltet. Jeweils zwei gegenüberliegende Ecken rot und blau anmalen und dann von der weißen Rückseite aus die vier Taschen herausdrücken (3).

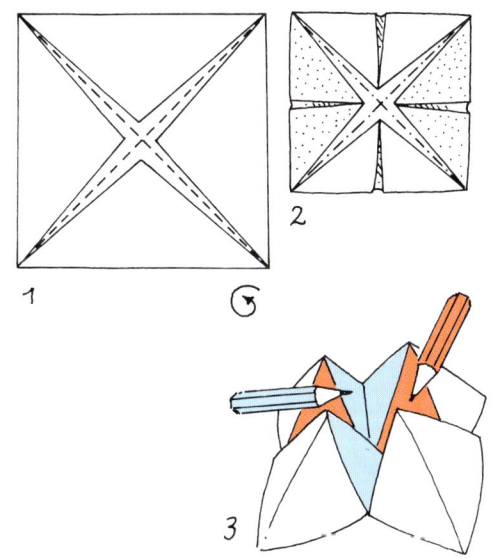

Spielregel

Himmel und Hölle spielst du mindestens zu zweit. Einer nennt eine Zahl zwischen 1 und 20. Dann werden abwechselnd Himmel und Hölle geöffnet, und zwar sooft, bis die genannte Zahl erreicht ist. Was bringt die gewünschte Zahl: Himmel oder Hölle…?

Himmel und Hölle

Du brauchst einen Bogen Zeitungs- oder Tonpapier. Falte das Papier so, wie du es auf Zeichnung 1–4 siehst.

Diesen Hut kannst du auch in einen Ritterhelm verwandeln. Den Robin-Hood- und Jägerhut bekommst du, wenn du eine Ecke umschlägst und ihn mit Feder und Band schmückst. Für den Puppen- und Puppenmutterhut schlägst du die obere Ecke um und klebst sie fest.

Damit dein Hut besser hält, befestige zwei Bänder daran.

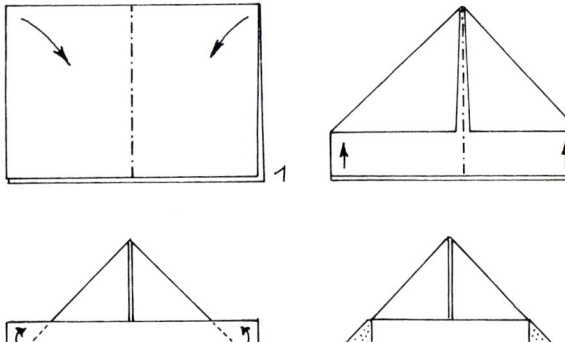

Hüte, Hüte...